시원의 입술

최창일 시집

이 말씀을 듣고 그들이 말했다.

"바람만 살피는 자는 씨 뿌리지 못하고,

구름만 살피는 자는 추수하지 못한다."

-전도서 11장 4절-

시인의 말

디딘 현실은 늘상 황야였다.
왜 시냐고 묻는다. 그 감각이 걸어온 길을 그나마 대답을 하여 주기 때문이라 답한다. 삶이고 죽음이고 저항하는 것에서 결국 시라는 것에 기대고 싶다.

글을 쓴다는 것은 늘 위험하고 두렵게 느껴진다. 그것은 글을 이제 쓰기 시작 한 사람이나, 몇 권의 책을 펴낸 작가든 마찬가지다. 시를 쓰는 것은 영감이라고 한다. 영감이 오는 것으로 생각도 한다.

멋진 글의 영감이 온다는 생각은 집어치워라.
찾아 나서는 험난의 길이다.

송재구 회장의 말을 빌리면 "사람을 키워주는 건 나를 더 나은 곳으로 안내하는 실패뿐이다."
실패하는 과정에서 인생이란 초고도 조금씩 정리되는 것을 말한다.

고민과 고독, 실패 속에는 영감이 들어있었고 인생을 어떻게 나누고 만들 건지, 들어있었다.

노트북에서 갑갑해, 하는 시詩들을 터무니없는 서사敍事의 세상 속으로 3년 만에 내, 보내기로 했다.

창작 활동과 격론激論하고 자라도록, 현명한 조언을 아끼지 않은 방식 명장, 송재구 회장, 양애경 교수, 최희양 작가님께 맨 먼저 시집을 올린다.

2023년 봄 성북동 성곽길에서
최창일

차례

시인의 말 • 4

1부   지금은 시의 언어로 치유할 때

설원역雪原驛 0시발 • 14
시원의 입술 • 16
끌림의 능력 • 18
기록의 봉지 • 20
먼 길 위에서 • 21
밋밋에 관하여 • 22
시 문답 • 24
힘 빼는 일 • 26
광장을 지나면서 • 27
마음이 더 괜찮지 않아요 • 28
시전의 세계 • 30
덕장의 봄 • 31
빛의 시작 • 32
소망 • 34
코스모스의 가을 • 36
그리움이 키우는 담쟁이 • 37
기다림 • 38
이별 감정 • 39

멋진 바보 • 40
적요寂寥와 고요함의 관계 • 41
심장에 대한 보고서 • 42

2부   같은 하늘의 별을 보는 그대에게

고독의 원류 • 44
그중에 제일은 • 45
버리는 욕망 • 46
시 쓰는 토끼 • 47
여행 가방 • 48
자기라는 화법 • 49
행복할 것이니 • 50
새벽길을 걸으며 • 51
눈眼 • 52
사랑의 냄새 • 53
왔던 길 • 54
애愛 • 55
가을, 갈림길 • 56
계절의 끝에서 • 58
포옹 • 59
비원 풍경 • 60
가장 어려운 것 • 61

기수의 행복•62
뜻•64
만나고 싶은 사람•65
현대시인상 받는 날•66
감동의 습관•68
들어봐 푸른 노래를•70
날씨•72

3부   늙은 미루나무의 바람 소리

끈질긴 악플•74
입양•75
몰타의 고독•76
위로•77
말씀•78
고흐의 파란 별•79
줄기들•80
햄버거, 햄버거•82
공기와 사상•84
그 사람이 되고 싶다•85
한번은•86
불꽃이 꿈꾸는 꿈•88
빈센트를 위한 울음•89

연암燕巖의 글쓰기 변통 • 90
결정 • 91
내 애인 금자 씨 • 92
풍경 속에서 • 94
성장하는 감정들 • 95
곁 • 96
세상의 문 • 98
기억의 안과 밖 • 100
상상의 요리사 • 102
흔적들 • 103
하얀 와이셔츠 벗는다 • 104
선을 놓지 말아요 • 106

4부   새들은 두 번은 그 길을 날지 않는다

잊을 수 없는 견갑골 • 108
가벼워지는 힘 • 110
시시하지 않은 것들의 노래 • 111
민들레 감상법 • 112
암실 • 113
문득 시인의 편지 • 114
여름 숲에서 • 116
인간관계론 • 117

후회하는 아침 • 118
눈빛과 사랑이 닮은 것 • 119
말과 가슴의 차이 • 120
아름답겠습니다 • 121
한해지 편지 • 122
갈까요 • 124
뜀틀 넘기 • 125
이해 • 126
문 • 127
내일을 사는 사람 • 128
네모 • 129
동그란 주말 • 130
무조건 • 132
발견 • 133

5부 속도를 잡는 것은 시뿐이다

벨라루스 수도원 바람 • 136
불안 • 137
설날 • 138
붓끝에 피어나는 매화 • 139
동백꽃 말들 • 140
잠 못 이룬 밤에 • 141

창 • 142
향기의 말 • 143
향기의 거울 • 144
소망 • 145
구정리 일기 • 146
에밀리 브론테 묘지 걷기 • 148
휴식 • 150
변하는 이유 • 151
새해 엽서 • 152
보는 법 • 154
생각 • 155
억새의 박애 정신 • 156
자연론 • 158
지는 잎의 노래 • 159
춘자 씨가 나설 차례 • 160
행복한 관계 • 161

시인이 쓰는 자설
말은 내가 하지만 내 말이 나를 만들고 있다 • 164

1부

지금은 시의 언어로
치유할 때

설원역 雪原驛 0시발

생각도 소복소복 쌓이는 것을 알았다
육각형 편지지 속에는 불 밝힌 신방의 추억이 흩날리고

산다는 것은 소리 없이 눈 덮인 겨울밤의 0시발始發 이야기

눈 내리는 언덕 돌아볼 때마다 곁을 떠났던
시의 관능과 실존의 관능 사이가 홀연히 뛰어 내려온다

진한 커피 향이 잔을 움켜쥐고 시린 창가에 내려앉는다

어젯밤 달빛이 그리 밝더니 함박눈 닮은 스토크Stock 내리고
산새는 밤 지새고 겨울나무들은 어둠 속에 빛을 얻는다

불 꺼진 방에 불 켜는 것도 손길을, 필요로 하는
존재가 0시발에 내리고 있을 거라는 믿음이다

발목까지 푹푹 빠지는 눈송이, 존재의 벽을 무너뜨린다
그 고독과 그리움은 이상하게도 가슴에 불을 붙인다

자정이 넘어가는데 막차를 기다리는 설원역 맞이방 난로에는
삶에 대한, 감정과 기억 속의 사랑들이 활활 타오르고 있다

시원의 입술

시의 둘레길은 푸른 별이 뜨는 정원

시의 꽃을 무한대로 '시화무'*가 피워내고
해와 달이 먼 강물에 발을 적시는 시간이면
풀이 꺾이는 바람에도 생을 끌어안고
〈시원의 입술〉은 이렇게 살아 노래 부른다

안개 끼고 앞산이 보이지 않아도 시원의 빛은
산빛 맑게 단장하듯 정결한 입술로 다가선다
배꽃의 입술은 희디흰 순결의 말씀 되어
우주의 노래 부르고 물방울 속에 시간의 무늬를 그린다

저 들판의 강물은 하얀 시가 되어 굽이굽이 흐르고
또 다른 말씀은 구름 사이 감돌며 가난한 자에 다가온다
가까이 멀리, 낮은 자에 들려주는 입술의 경건이여
시대의 중심에 서서 우리를 다독이는 문장들이 시원에 내린다

*시원詩苑의 입술: 시의 정원은 시가 되어 시를 말한다.
*시화무: 시의 꽃을 무한대로 피워낸다는 순, 우리말.

끌림의 능력

18 장미 향수 1온스를 담아내려면
1톤의 장미가 필요하듯

1온스의 마음을 얻기 위해서는
수만 톤의 간절한 마음이 필요하겠지

그 사람의 가슴속에 향기로 남아
사라지지 않는 순간의 순간을 알아간다는 것은
그리 간단한 문제가 아니다

그곳, 바다보다는 소금의 진실
보이는 것의 외면보다 내면의 진실

결국, 너와 내가 머물 수 있는 곳은
부끄러움 없는 찬란한 진실뿐

끌림의 사람은 마음의 나라에
보랏빛 오동꽃들이 활짝 피워지고 있다

기록의 봉지

그 속의 추억들 불안전하지 않은
씨앗만 봉지에 넣어 두고 싶다

희망은 어설픈 기억보다

마주하고 싶은 소중한 것들만
새로워지는 풍경처럼 봉지에 걸어 둔다

먼 길 위에서

교회당 겨울나무 아래서
떠다니는 민들레처럼
저편에 와 있다는 것을 알았다

지척으로 보이지만 이미 그 거리는
돌아갈 수 없다는 것도 알게 되었다

떠나온 그곳에선 여전히 찬란한
햇빛이 비치고 새 계절이 오고 있다

모두들 그 길을 도발처럼 걷고 있다

떨어져 온 그 시간은 숙명의 시간이다

다시 그곳으로 돌아가는 세상은
모든 것이 다시 시작된다고 했다

밋밋에 관하여

그 친구를 만나면 말의 그림자를 밟지 않는 법을 배운다

고요함이 그칠라치면 한마디씩 툭 뱉는다
어느 곳 한치에도 습기라곤 찾으려야 찾을 수 없는 친구다

가끔은 밤길 산책을 나서자 한다
잘 뚫린 고요로를 걷다가 붕어빵 가게를 들린다
가시를 발라내며 꼬리부터 먹으며 걷는다

묘하다
밋밋한 그 친구를 만나고 오는 날은
가슴에 맺히고 사나운 것들이 사그라지곤 한다

자기 뜻보다는 타인의 관점에서 방향을 생각하고 있다
세상을 가치 기준보다 삶의 확장을 말한다
시속의 뉴스를 보지도 듣지도 않는 걸까

타인의 말에 귀 기울일 때 가진 편견이 깨진다는 것을
깨워 주는 친구다
도와주는 것이 아니라 헤쳐나가는 길을 일러준다

어두운 세상 읽기가 아니다
밋밋함에서 따뜻한 것들만 나오게 한다

시
문
답

사람이 사는 이유는 무엇이죠
문명의 이면에 있는 몸의 소망을 위해서다

사랑은 무엇이죠
기억이다

어둠은 무엇이죠
우리를 끌어들이는 교차다

현대 사회를 어떻게 보세요
성은 있으나 사랑이 없다

가족은 무엇이죠
보이지 않는 단단한 끈으로 깊이 연결되어 있다

시는 무엇이죠   25
권위를 버린 언어들이 사는 세상이다

휴대 전화기를 어떻게 보세요
스스로 결정하지 못하게 달라붙은 사디즘sadism이다

시詩에게 하고 싶은 말씀은
새벽이 어둠으로 나아가듯 여전히 뛰어라

힘 빼는 일

일상을 잡으려 해도 잡히지 않는 시간
내 심장은 끄덕끄덕 가고 있다

순간순간을 극한으로 몰다 보면
그 안에 선명한 길을 만난다

심장의 답은 내 가슴에 적당히 힘을 접는 일

광장을 지나면서

멈추지 않는 말들은 뜨거운 입김을 내뱉는다

깃발도 소리치고 한 번쯤 죽어봐도 좋을 캄캄한
소리 들이 울고 지나간다

진실은 사칭이 되지 않는다는 것을 알고 있기에
성난 말들은 고삐를 놓고 목의 힘줄을 올린다

진리를 갉아먹은 배신의 그들에게 무엇을 기댈 것인가
수정할 수만 있다면 그날의 시간을 몽땅 새집으로 짓
고 싶다

마음이 더 괜찮지 않아요

요양원에 머무는 선생님의 생일 아침이다

평상시, 스스럼없이 다니시던 충계에서
대퇴부 골절에 상처를 입고 달포 전에 입원 중이다
사모님을 먼저 보내시고 홀로 아파트를 지키는 중이었다

우연일까, 화면을 켜니
키 방송인이 반려견의 생일 파티를 한다
우아한 드레스를 입은 태연 친구도 초대했다
친구 음악가 창섭도 초대했다
개犬에게 생일 송을 들려준다
재료가 듬뿍 든 수재 케이크를 나눈다

창밖에는 꽃망울 머문 매화나무 가지 끝이 팅팅- 팅-
바들거린다
　　철 이른 매화꽃을 시샘하는 연녹색 바람이 직립으로
오르는 모습

　　병상의 선생님을 생각하니 눈 밑의 슬픔을 견디지 못해
　　그 적막이 뛰어가고 텅 비어버린 가슴을 채우기 위해
　　아픈 풍화의 잔을 비운다

　　정말 괜찮지 않게 마음 갈피가 떨어져 나간 날이다

시
전
의
세
계

시전詩前의 세계는 청정이다

장미가 그러하듯 사소한 말들도 향기가 피어나고
맑은 밤 별들은 쏟아지는 빛들 쟁반에 받아든다
바람은 겨울을 곱게 곱게 접어 봄에 선물한다

돌아보면 모두가 청청靑靑했던 시전의 세계
그 학인을 만나면 묵화를 치고 싶었고
구름그림자와 흐르는 것이 좋아 뉘였뉘였 하였다

세속을 벗는 옷 걸치면 살림살이 넉넉하지 않아도
안과 밖이 늘 넉넉하기만 한 모란처럼 늠름하고
마지막을 기억해주는 시원의 세계는
묵상이 묵상에게 손을 내미는 시상詩想의 동리同利*다

*동리: 공동의 이익을 추구하는 곳.

덕
장
의
봄

덕장에 봄이 왔다
매달린 명태의 가슴에 봄이 왔다
꽁꽁 얼었던 가슴에 고드름 끝의 물방울이
알몸으로 떨어진다

파리하고 기다란 명태는 별을 초연하게 받아들인다
겨우내 차갑게 매달렸던 고드름이지만
헤어진다는 것은 늘 서러운 날갯짓이 된다

빛의 시작

빛은 봄의 시작을 알린다
새벽에 일어나는 봄빛을 바라본다
돌담을 친구 삼아 피어나는 동백나무 붉은 꽃잎에
깨끗한 봄의 빛이 첫 시간을 알린다
매일 매일 일어나는 햇살도 봄의 햇살은 새로운 하얀 빛이다
새들도 봄의 햇살을 맞이하는 노래가 다르다
하얀 자작나무 위에 앉아 하얀 소리로 지저귄다
백양나무 숲도 빛의 시작을 환영한다
겨울은 하얀 먼지 위에 자신의 몸을 싸고, 돌아선다
봄은 계절의 시인이다
생명의 존재가 서로 듣는 존재라고 말한다
나무는 뻗어가는 줄기에 시를 쓴다
꽃은 햇빛 사이로 불어오는 바람에 귀 기울인다
분명 나무도 봄에는 새로운 다짐을 하고 있다
나무 아래 자라는 푸른 풀잎의 소리를 기록한다

잎의 말과 지난겨울의 추억을 보이는 눈빛으로 말한다   33
봄에는 빛의 소리를 경청해야 한다
그 빛은 평화만큼 아름답다

소망

생각의 끝은 어디엔가 닿는 것들이다
깨끗한 것을 전하기도 하고

네가 가진 특징을
존재의 의미로 심기도 하고

늘 따뜻한 것들에 관심이 크거나
유쾌한 일들을 소환한다

사람과 사람 사이의 수많은 위로와
위안을 주는데 뜻이 있다

눈을 감고 생각하면 저물고 지나간
시간 속에 손잡고 싶은 것들이 서 있다

꽃잎이 말라가고 청춘처럼 힘찬 나무들이
하얗게 변하는 것도 닿는 것의 과정이다

들어줘, 이렇게 끈질기게 노래하는 새들도
그들의 가족을 부르고 있다

마음에 파도가 치고 있다면 누군가에
닿고 싶은 내 안의 침묵의 요구다

소망은 색깔로 그려지는 희망에
다가가 씨앗을 틔우는 것들이다

코스모스의 가을

코스모스는 가을 구름이 피운다

낮 달빛도 코스모스 따라 가녀린 허리춤을 춘다
바람이 불어도 꺾이지 않는

유연한 허리는 가히 춤꾼이다
누군가에게 춤이 가득 찬 노래를 불러주고 싶다

그리움이 키우는 담쟁이

그리움이 소망을 키워낸다는 사실

소망은 담쟁이와 같이 오르는 것들의 기록이다

내일을 알고 걷는 사람은 누구도 없다

그래도 가슴을 기대며 걷는 자는
역사의 언어를 잡으려는 담쟁이 보고서다

기
다
림

38 블랙커피가 가장 잘하는 것은
    사랑하는 사람의 앞에서

    쓴맛 신맛을 내며,

    조금이라도 일찍 보고 싶은
    마음을 참아내게 하는 일이다

    세상의 역사는 기다림이다

이
별
감
정

풀잎이 진다

무수한 별빛이 눈을 감는다

나비가 유리창에 미끄러지듯

제 가슴이 미끄러져 내린다

떠나는 낙엽의 가슴도 붉게 접기는 마찬가지다

멋진 바보

때론 상대를 위해 자신을 살짝 감추는 멋진 사람이 있다
알면서도 아무 말 하지 않고 무심히 걸어가 준다

상대의 감정을 지켜주는 것은 가슴을 나누어 가지는 것이다

눈과 귀와 생각이 따뜻하지 않으면 불가능한 일이다

적요寂寥와 고요함의 관계

어둠도 가장 싫어하는 것은 적막함이다

유리창에 번져오는 고요의 소리를 소리 없이
쪼아 먹고 있다

만일 적요가 어둠을 두드리고 쪼아 먹는 소리를 듣는다면,
아마도 우리는 그 온갖 소리가 내는 거대한 울림에
짓눌려서 죽게 될 것이다

자신의 소리를 감추고 사는 적요의 일생은 수행이다

심장에 대한 보고서

심장이라는 낱말에는 두근거림이 있다
뜨거운 정서가 있다

그곳에는 넓은 정원의 의자가 있다
또 누구나 가진 추억의 노래가 있다

젊음의 심장에는 파랗게 새싹이 돋아나고
나이가 든 심장은 비로소 마음속의 파란 것들을
꺼내보는 시간이 걸어오고 있다

결국, 나를 성장시킨 것은
심장의 침착함과 열정이었다

2부

같은 하늘의 별을
보는 그대에게

고독의 원류

44   나무도 외로우면 나무의
그림자를 부둥켜안고 지나는
바람의 그림자에 유랑의 이유를 말한다

그중에 제일은

원하는 것 살펴주고
상대가 싫어하는 것을 하지 않는 것
변명하지 않는 것

그중에 제일은 서로를 향해서 다가오는 것

버리는 욕망

46 발끝이 가려 하는 것은
유전인자의 문명사 이동의 역사다

눈眼의 진심은 욕망을 버리는 세상이다

시
쓰
는
토
끼

봄만 되면 토끼가 찾아왔다 47

생강나무 잎의
글씨를 두들기는 검은색 하얀색
토끼 꿈을 꾸었다

잡초가 무성히 자란 노트북에
토끼가 시를 쓰겠다 뛰어다녔다

여행가방

작가의 가방에는 쓰고 싶은 욕망이 들어있다
가난한 가방은 쓰고 싶은 이야기가 빠져 있을 때다

의사의 가방엔 청진기가 들어가듯 작가의 가방은
시장 사람들과 함께 울어주고 위로하는 마음이 채워진다

자기라는 화법

이야기를 모아 놓으면
그것은 자기가 된다

그것은 하나의 화법이 되고
광활한 우주가 된다

자기에는 가벼운 것
무거운 것 단순한 것

복잡한 것에 이르기까지
조합의 세월이 들어 있다

우리는 자기라는 집합체에서
자기라는 것을 만들며 살아간다

행복할 것이니

땀에도 기쁜 땀은 향기가 배어난다

땀이 나지 않는 축제는 어설픈 것들

등나무 꽃들과 오이 향기도
커다란 보리수 나뭇가지에
울어대는 새 소리도

기쁜 마음으로 얻어지는 노래들이다

새벽길을 걸으며

바깥이 아직 칠흑처럼 보이지 않고
답답한 날은 새벽길을 나서본다

'해결'의 길이 없는 막연한 부정이 찾아오는 일도
사실은 '해결'의 길이 있었다는 것을 알게 하여 준다

아무것도 보이지 않는 새벽길은 백지의 공간이 열리는 시간이다

눈
眼

세상의 시작을 찾아 나서며
차이를 알려주는 이전과
이후의 안을 분간하게 한다

오묘한 진리는
가까운 것과
먼 곳의 공간을 넘어선다

사
랑
의

냄
새

그 사랑하는 사람의 냄새가
그리우면 시장에 간다

관계의 길이 힘들 때
그곳에 들르면

할머니가 좌판 위에 올려놓은
숭어 눈동자가 끔벅거린다

왔던 길

굽어진 길은 아름다운 모퉁이들의 길
그 길은 순례자의 길보다 늘 멀기도 했다

어쩌다 여기까지 왔다

내가 걷고 있는 것은
때론 구운몽九雲夢이었다는 깨달음

천 길 낭떠러지가 나타나지만
결국은 열정의 숲이 끌어주었다

애
愛

누군가 마음에 들어와
기분이 달라지고

아무것도 아닌 것처럼
아주 크게 흔들리는 것

꽃과 나무가 일생
눈을 감지 않듯

늘 진지하거나 당당한
감동을 나누어 가지는 것

가을, 갈림길

손목을 꼭 쥐는 은행잎에 빗방울이 내립니다
멈춤을 모르는 푸르름이 또 그렇게 흘렀습니다

철학자 구두에 찬 바람 불어오면
착한 것들은 떠나는 것들에 익숙하여집니다

찬 바람 불 때면 옥수수 잎들 사이로
갈아입은 헌신獻身들 우수수 빠져나갑니다

마음 놓고 여행 한 번 시켜주지 못한
그대의 머리카락이 빠져나갑니다

접시꽃이 필 때면 아이처럼 손뼉을 치며
기뻐하였던 그날의 시간은 바람에 이끌려갑니다

주체할 수 없는 신열입니다
그러나 다시 만날 약속을 꼭 쥐고 있을 것입니다

계절의 끝에서

신이 시인에게 준
계절의 끝에서 만난다

내 뜻과 다르게 만들어진
거짓 이미지를 벗어 버린다

차분히 자신과 마주하여 일상의
발견을 얻었다면 그것은 진실일 것

영혼은 눈을 뜨게 하고 늙지 않는
계절의 고독에 나를 비추는

가을 숲이 맑고 깨끗하게
가슴을 쓸고 지나간다

포옹

36.5+36.5= 포옹이 세상을 일으킨다

심장과 심장이 만나는 소리는 우주다

엄마의 심장 소리 듣고

모유를 먹는 아이는

그 소리에서 어머니의 유산을 만난다

비원 풍경

그 새들은 문소전文昭殿* 앞에 한참 동안 머물었다

조상새들이 그랬듯, 왕의 글씨 보관된
봉모당奉謨堂에 잠시 묵념하고 고종시*에 앉아 휴식을 취한다

짝을 만나면 조원造苑*으로 데려와 일생을 살다가
그날의 건청궁乾淸宮*비사에 가슴 치다 죽어간다

풍경 속 비원祕苑의 슬픈 얘기

*문소전: 태조와 신의황후 신주를 모신 곳.
*고종시: 고종이 좋아한 감나무.
*조원: 조선시대 정원.
*건청궁: 명성황후 시해 장소.

가
장
어
려
운
것

홀로 섬 생활 사람에게
섬 생활의 제일 큰 어려움을 물었다

모기 바람 독사라 한다

그리고 한참을 머뭇머뭇하다가
더 한 것이 있다 한다

외로운 것

기수의 행복

기수는 바닷물과 강물이 만나,
바다의 자유가 흐르는 지역이다

담수와 해수는 만나기 무섭게
밤이 이슥하도록 교미交尾를 서두른다
풍천장어는 눈이 벌겋게 정력을 과시 한다

갈대는 바람에 벗겨진 하체를 흔들며,
그 밤의 트로트를 구성지게 뽐내기도 한다

염분이 0.5프로 이하인 물은 담수淡水,
30프로 이상은 해수海水다

기수는 염분 농도에 적응되는 수많은 생물들이
아무렇지 않게 평화를 누리며 살고 있다

그곳에는 군사분계선, 철책선의 긴장도 없다
인간들이 쏘아대는 미사일 포성도 없다

기수는 수많은 생명체들의 파라다이스다

*김경수 시인의 시집 『기수역의 탈선』에서 영감을 얻었다.

뜻

64 고난 속에 뜻이 있다

꿈의 과정이 보태지면 한 움큼의 뜻이 된다
착한 기질의 부피는 강한 뜻이 된다

뜻은 생각의 재산이다

만나고 싶은 사람

기억이다

사유의 사랑은 깨우침이 크고

들락날락하도록 분주함이
물 흐르듯 한 삶이 보인다

그런데 뜨거운 내면이 닿으면
더 깊이 진실로 만나게 된다

현대시인상 받는 날

시를 쓰는 사람 옆에서 천사들이 문자를
골라주고, 읽어주는 꿈을 꾸었다

그 천사들이 아이들에게 시의 창문을 열어준다

스스로 시를 읽는 아이들이 많아지면 시의 숲에서
낯선 길을 떠나는 뒷모습은 시가 펼치는 여행이다

혼자서 꾸는 꿈은 한갓 공상이지만
시와 같이 꾸는 꿈은 나누고 싶은 현실이 된다

새벽이 되면 시와 마주 앉아 이야기 나누고
새 언어가 도착하고 창작의 공장장이 된다

세상 떠나는 날, 시경詩經의 나라에서 67
'한 점 부끄럼 없이' 살기를 꿈꾼 윤동주 선배와
문배주를 나눌 것이다

화엄華嚴의 꽃도 때 되면 풍장 되어 영영 떠나가지만
 문자는 종일토록 시의 대설을 퍼붓는 꿈을 꾸다 아침
맞았다

감동의 습관

감동한다는 것은 행복을 준비하는 것
습관이 되면 각자의 삶은
더 나은 이유가 동행한다

소소한 말에 손뼉을 치며 감동해 주는 것은
일상의 사람들에게 마음을 같이해주며
사랑으로 어루만지는 일이다

씁쓸한 커피 맛도 습관이 되면
커피물이 팔팔 끓는 소리마저
맛으로 느껴진다

조용한 장소에서 목소리 낮춰 말하는 것도
동의어로 그에게 다가가
귀 기울이는 정서의 습관이 된다

감동의 습관은 따듯해지는 변화며
그의 가슴이 되어주는 것

진짜 감동의 습관들이 저기 서 있다

푸른 노래를 들어봐

새벽시장에 나가면 움직이는 곳마다
가슴 벅차오르고 부지런한 삶이 오고 간다

바쁜 걸음- 걸음걸이- 붉은 혈맥 손바닥
파닥거리는 서해의 낙조 머금은 민어가 뛰고

가무락조개 염전 간수 좌판에 깔아놓으면
희고 굵은 소금 알알이 해를 끌어안고

생명들 들려주는 '숨'의 무게만큼
할머니의 앞주머니에선 이미 만선滿船의 수북한 미소

땀에 젖은 어깨 수건 염부鹽釜의 노래
이쪽저쪽 고무장갑 파도 소리 가락

이마의 땀방울 풍요의 결을 빚어
시끌벅적 웃음들 소금 꽃 피어나네

저 동백처럼 뜨거운 시장의 얼굴들은
새벽이 먼저 나를 깨우는 힘이라네

날
씨

숨 쉬는 것들에게
온몸을 통해 웃거나 울게 한다

이렇게 맑은 날
무얼 해야 하나

3부

늙은 미루나무의 바람 소리

끈질긴 악플

선한 구석이라곤 없다

쭉정이의 것이고
더없이 모질고 끈질긴 자들의 것이다

사리사욕의 침상에서 일어나고
총신銃身의 재방在傍들이다

재앙을 방관하고
민맹民萌의 간악이다

헛됨의 궤변이 일상이고
오남용의 위강威强의 간악함이다

입
양

말로 하면 단박에
거절했을 것이다

고양이 사진을 보곤
입양에 홀려버렸다

몰타의 고독

몰타*에 갔다

어떻게 왔는지 모른다
멈춘 시간도 따라왔다

창밖으로 파란 바다를 짊어진
노인이 뒷모습을 쫓으며

그 여인이 어느 만치 갔느냐며
한순간을 묻고 있다

*몰타: 지중해 한가운데 있는 작은 군도.

위
로

우아한 드레스 차림의 여인이
슬픔에 젖어 울고 있다

드레스를 보지 않고

슬픔의 머리 위,
위로의 꽃을 놓아주었다

말
씀

생명의 말씀은 살아
있기 때문에

잘라내면 슬픔이 고이고
그 상처는 아물어도
오래 간다

고호의 파란 별

고호는 그렇게 말했다

누군가 가슴에 들여놓는다는 것은
푸른 바다 밑 심연 속으로
손잡아 거닐고 싶어서 한다는 것이다

눈을 감고 별에 파란 키스를 하다가

푸른 밤하늘의 별의 비밀을 그리고
끝나지 않을 것 같은 비움의
영혼을 깨우다가

눈부신 붓끝은 결국 푸른 밤 별을 꺼내었다
그래서 파란 별은 고호의 별이다

줄기들

뒤로 물러남 없이 힘차게
달리는 선수처럼

고단한 삶 속에서도 앞으로만 가는 것에
쏜살같이 당당함을 키워 낸다

전진을 위한 눈물도 생명의 부분이란 것
그 눈물이 열망의 씨앗을 틔우고

열망들이 깨어날까 봐
발걸음은 살금살금 흐르다 보면

좋은 씨앗도 깨어나지 못한다는 것을
얼마쯤 지나서 알게 되었다

삶은 모조리 깨달음으로 당당하게
나아가는 줄기들이라는 것

햄
버
거,

햄
버
거

십삼 년을 미국에 유학한
조 교수와 뉴욕 출장이다

양해를 구한다며 햄버거집을
들려 숙소로 가잔다

뉴욕의 원주민이 좋아하는
햄버거라며 두 개를 주문해왔다

유학 시절 그렇게도 싫증 났던
햄버거가 문화적 원근原根성으로 그리워졌던 모양이다

한국에서 만드는 햄버거와 미국의
햄버거는 맛의 차이가 있다며 피식 웃는다

내성으로 숨겨진 맛의 은밀하면서도
어쩔 수 없는 그 자극 덩어리, 간의 본성이다

놀라운 것은 김치가 햄버거의 독성을
물리친다는 비 확인 사실도 일러주었다

공
기
와
사
상

내 눈이 알아차리지 못하는 수많은 입자들
강변을 달리면서 부딪히는 들숨으로 내 몸에 머물고
날숨으로 대기에 퍼져간다

그 사람의 공기는 매 순간 나의 감정의 입자되어
거울처럼 몸을 거쳐 엷은 색 사상思想으로
생각의 흔적을 따라 들숨과 날숨이 되었다

봄에서 겨울까지 정신을 더듬어주는 공기의 힘으로 왔다

그 사람이 되고 싶다

오래된 바바리코트 같은 사람
오래된 구두처럼 편한 사람
늘 그렇다고 말해주며 편이 되어주는 사람

한번은

하늘을 나는 새들은 날았던
그 길을 두 번은 날지 않는다
순례자에게 순례의 길은
한 번의 피사체를 누르는 것과
같다는 것을 알고 있기에
그 사색은 생의 자화상이 된다
한번은 '시간을 붙잡았다'라는 것이
중요한 것이 아니라
지속해서 흐르는 시간은 새롭게 흐른다
'한번은'이라는 의미에 삶과 죽음의
문제를 다루고 있다
포착된 모든 영상은 고귀하게 우아함을
지니지만 사진을 찍는 한번은 시선의
이상의 것이며 인간의 능력을 넘어서는 일이다

신은 시야 밖에서 이루어지는 것들이 헛된 것이며
신이 가장 싫어하는 배교背敎, apostasy의 행위다 87
신의 창조는 '한번은'이며 심판의 날도 '한번은'으로 끝이다

불꽃 꾸는 밤

누군가 한 사람을 알고 사랑하게 되는 것도
이 작은 순간의 불꽃과 같은 금빛일 것이다

이 몸짓의 연유를 모르면 마음을 몰라주는 본질일 것이다

무엇을 덜어야 하는지 무엇을 더 넣어야 하는지
그것을 모른다면 한여름 목마른 나무와 같이 되는 것이다

그 작은 불꽃을 오래 꺼뜨리지 않는 일은 불꽃의 자존심이다

빈센트를 위한 울음

빈센트는 평생
단 한 점의
그림밖에 팔지 못하고 눈을 감았다

그때 세상이 조금만
더 친절하게 삶을 지켜주었다면

빈센트를 위해 울어주었다

연암燕巖의 글쓰기 변통

'예수께 바울이 물었다
제사음식을 먹어도 되나요?'*

적절適切을 위해서는 변통變通을 하거라
의중을 모르고는 정확한 전달[전도, 傳道]이 없느니라*

책을 읽지 않고 스승을 보고 글을 쓰겠다는
공명*은 스승의 행동을 읽으려 하였다

연암은 공명이 창조적인 책 읽기라 말한다
창조는 변통에서 나온다

*바울이 예수님께 던진 질문이다(당시 율법은 제사음식을 금하였다). 전도를 위해서라면 먹어도 된다고 했다.
*연암의 글쓰기 지도를 예수님의 대답처럼 은유하다.
*공명은 증자의 제자.

결
정

무엇을 꺾어야 하는 일이다
뜨거운 것을 품어야 하는 것

내
애
인
금
자
씨

내 애인 이름은 금자 씨
박꽃같이 소박함이 묻어있는
금자 이름이 좋다

금자 씨는 큰소리치지 않아도
늘 나를 돌아보고
집중하게 하는 힘이 있었다

진정한 자신과 만났다고
나를 향하여 당신만의 시간을
충분히 가지라고 용기를 주었다

세상을 따라 흐르지 마라
세상은 끌려다닐 곳이 아니다
누구나 마음속 제 설움과
파도가 늘상 출렁이는 법

나를 나답게 만드는 것은
남에게 보이고자 하는 것이 아닐 것
나를 나답게 채워가는 것이
침묵하고 내 안으로 들어가는 것

자신이 누구인지 자신의 모습으로
당당하게 걷고 있는지 바라보라

내 애인 금자 씨는 나를 일깨워주다가
일생 일생을 같이 살다 갈 줄 알았는데

지난주 금자 씨가 내 마음속
세상을 먼저 먼저 떠났다는

아름답지만 조금은 슬픈 얘기

풍경 속에서

눈을 감아선 안 되는 곳이며
마음을 감아서도 안 되리라

짝을 만나면 그 좋은 풍경에서
내가 가졌던 전부와
내가 버릴 전부를 내려놓고

씨앗 뿌리고 열매 기다려
꽃이 피는 마음으로
모시 식탁보에 마주 앉아

풍경 속의 이 순간 바라보리

성장하는 감정들

비바람 부는 광야에서도

감정들을 지우거나 토닥거리는 것이라면
더 전진하게 한다

사막의 뜨거운 태양 아래
그림자가 더 강하게 내려앉듯
어두운 감정 속에서도 성숙함을 키운다

힘들어지지 않는 선에서
여전히 가난하고
여전히 결핍이 가득하게 하는 것도

삶의 감정들이 한층 성장한다는 것

곁

곁은 인식認識을 키운다

어릴 때 할머니는 늘 따뜻한 곁이었고
외면하고 싶은 것을 일깨우는
대화의 친구도 곁이었다

깨달음 주는 것들
늘 누군가 곁이었다
세상은 곁이라는 것들을 마주하는 것

예수도 두 사람의 곁에서 십자가에 못 박히듯

내게 있어야 할 곁 97
어떻게 변해가고
변한 나에게

곁은 새로운 사실을 일깨워 준다

세상의 문

세상을 여는 수많은 문

감각의 문 지혜의 문이 있다
감각의 문은 상상의 문을 여는 것

창고의 문을 여는 것은 경영의 문을 여는 것
생각의 문을 여는 것은 과학이 되고

모순의 문을 여는 것은 가치의 문을 닫는 것
문에도 최신의 문이 있고 옛문이 있다

100개의, 아니 1000개의 문을 열고 나서면
희망에 도달하거나 절망에 도달하는 문이 있을 것

불행한 문을 열지 않으려면 체제로부터
최대한 멀리 문을 달아야 한다

체제는 급변하는 충격의 문이다

행복의 문을 열려면 행복의
이미지를 날마다 그리며 여는 것이다

기억의 안과 밖

100 기억에도 페이지가 있다

소중하게 기억되는 순간은
떠올리기 좋은 중심에 있고

옆도 뒤도 없는 담배 연기와 같은 것은
안과 밖을 찾아 떠돌고

눈으로 듣고 가슴으로
기록하는 생각의 문장이
안과 밖을 찾고 있다

주일 예배 목사님은
내 마음 안과 밖이 같을 때
보혈의 피 가슴 뜨겁게 흐른다는데

만남과 이별의 안과 밖에 대하여　　　　　　　　　　　101
요리조리 들여다보아도
시간이 흐르고 마음만 흐를 뿐이다

그래 진실은 가장 안쪽에 있다는 사실만 확인

상상의 요리사

102　　태초에 요리는 상상이 만들었다

　　　상상 속 요리에 맛도 탄생 된다

　　　맛의 향기도 상상 속에 조리되는 것,
　　　맛의 감각과 구조도 상상 안에 들어있다

흔적들

스치는 것들
시간과 속도와 밀접히 대화한다

미소에 얹히는 것 좋아하고
미련에 얹혀 가기도 한다

할머니 사용하신 물건들
초롱불 아래 다듬이 소리

손금 묻은 재봉틀 광목과 대화하고

하얀 와이셔츠 벗는다

눈물도 속살도
보이지 않겠다는 다짐이다

흰옷 겹겹이 차가운 시간
마른 가지 부둥켜안고

하얀 가슴 드러내는 허망함
흰 치아를 드러낸 채
돌기의 회색 가슴 적셔 내린다

기근석饑饉石 가슴 펴 보이는 라인강이여
뜨거워 가슴 뜨거워, 하늘을 보며
하얀 녹색 옷 벗은 채 흘리는 지구의 눈물이여

곳곳의 푸른 지대 미열
금방이라도 탈 것 같은 새빨간 노을
손 모아 자복自復의 기도 올리지만

융프라우도 끝내 하얀 와이셔츠를 벗는다

선
을

놓
지

말
아
요

거문고의 줄은 퉁기면 노래가 되지
멈출 수 없는 한의 가락이 되지

수 천 년을 흐르고 흘러도
늘 다정한 육 선六 線*의 노래여

줄이 다 멈추는 날
노래도 멈추고 흐르던 가락도 멈추고
막은 내리지

다음 공연 일정은

*육 선: 거문고의 여섯 줄.

4부

새들은 두 번은 그 길을 날지 않는다

잊을 수 없는 견갑골

신에게 달려가는 것들은 세미한 결을 지녔다

건반을 두드리는 견갑골肩胛骨,
바쁘게 들락날락하는 것이 영락없이 학의 무희다

예술의 전당 조명 아래 바람이 분주하게 언덕을 넘듯
왼쪽 혹은 오른쪽으로 바쁘게 견갑골이 들락날락한다

그럴 때마다 조약돌처럼 윤기의 머릿결은
그림자보다 가볍게 살랑인다

몰래 숨겨둔 비밀이 가녀린 손가락에서
새들 발자국 찍듯 하얀 물소리를 내고 있다

맑은 생각만 들어가는 풍성하고 잔잔한 울림
가슴 모퉁이에 닿아 쉴 것이다

한 치의 오차 없이 지루함을 모르는 견갑골은 반복되어 109
마음 투명케 하고 내면을 빚은 연주다

훼손된 영혼, 죄 사함이다
분명, 창조와 진화는 신의 견갑골에서 시작되었다

가벼워지는 힘

110   미래의 길을 알고자 하거나
       생각의 씨앗을 틔우고자 한다면
       고민하는 힘의 운동장을 힘껏 달려보는 것이다

       가벼워지는 것이 힘이라는 것을 알게 될 것이다

       생각을 끌어내는 것도, 가벼워지는 것의 힘이다
       최악의 상황일 때 그곳으로 뛰어가라

       가장 강한 것은 가벼워지는 힘

시시하지 않은 것들의 노래

처음에는 그렇지 않았는데
시작하고 보면 늘 그렇고 그렇다

사랑도 너무 많은 것을 주고받으면
한동안은 충분하다고 만족해하는 듯하다가

그러나 사랑도 하중이 있어
하중은 견디지 못하는 경우가 더러 생기고

그래도 영원히 사랑은 사랑이기 때문에
별거 아닌 채로 모두가

시시한 것까지 사랑하는 것이
시시하지 않은 사랑이다

민들레 감상법

그리워서 길가에 앉아있다
지치면 누워서 기다리고, 기역 자도 써본다

해가 뜨는 시간에는 목을 길게 빼고
한 번이라도 더 눈길을 보낸다

홀연, 먼 길 나서기 위해 사뿐히 가벼워진다

바람의 중심을 잡고
할머니 하얀 머리카락처럼
정처 없이 하늘로 길을 연다

노랑 옷을 즐기고 가끔은 흰색 차림

암실

늘 어둠 속에 갇혀있는 존재

함께 어두워질까 봐
문을 닫아 놓고 기다리는 내 안의 중심이다

한 줄기 빛조차 없는 방은
깜깜한 침묵들이 묵상하며 꽃 피운다

어두운 부분을 인내하는 이유는
어둠이 잠긴 시간 지나면

흑백의 공간에서 세상 밖으로
나가는 그들에게 빛이 되는
색의 세상을 열어준다는 사실

빛은 키워주고 나눔의 세상
어둠 또한 꼭 절망이 아니라는 사실

문득
시인의 편지

호밀밭 풍경의 엽서가
책갈피에 도착해 있다

시는 매서운 눈빛도 아니고
다가오는 말들을 하나로 잇는 것

노 시인의 말씀은 명징함이다

보이는 색깔로 세상을
그려 보며 응시하게 한다

'씨 뿌리는 사람'
밀레가 그림으로 보여주듯
마음에 씨 뿌리며
살아가는 법을 일러준다

평화와 감사를 막대사탕 주듯
한 움큼씩 사색의 주머니에 담아주고

넓디넓은 시야詩野, 펼쳐 준다

*책장을 넘기다가 황금찬 시인의 친필 엽서를 문득 발견하고 내용을 주
 섬주섬 옮겨보았다.

여름 숲에서

숲은 여름을 경영한다

조용함이 머무는 산에는
말을 아끼는 나무들이 모여 있다
상수리 개암나무 가슴에
영지가 피어나도 다독이며 말이 없다

다람쥐 바쁘게 들락거리는 나무마다
갑자기 숲이 소란스러워진다
다래랑 머루가 익어가고
투명한 줄을 치고 건축을 자랑하는 거미

분명 이산에는 누군가 살고 있다
다투지도 않고 서로 보듬으며
계절을 움직이고 숲을 경작하는
보이지 않는 지휘자가 있다

인간관계론

실제로 인생의 대부분은 타인이 결정한다

아무리 내가 결정한다 해도 실상은 타인이었던 남편, 또는 아내가
타인으로서 결정하여 주었기에 한 가족은 완성된다

중요한 것은 유능한 사람이라는 평가는 평소 타인에 의해
유능한 사람으로 평가가 결정된다

결국, 스스로에 유능하다는 것과는 전혀 상관없다

이 세상의 상당한 오류는 내가 유능하다는 오만 자,
내가 유능하기에 권력을 가졌다는 교만에 의해서다

후회하는 아침

묻어둔다고 생각하지만
결국은 숨겨두는 일이다

모두가 나의 것이 아니니
몸과 마음을 사용하면서

가끔은 그 주인이 궁금하게
살아가는 것이다

간밤에 열어둔 창문
삶을 열어두고 살았다

눈빛과 사랑이 닮은 것

사랑은 눈빛으로 하는 것

눈빛은 먼저 알아차린다
사랑이 서두르면 눈빛은 먼저 일어선다

눈빛이 사진을 찍고 있는 것도
사랑보다 소중히 간직하고 싶어서다

사랑에 대한 간절함이 높아지면
눈빛의 욕구 또한 강렬해진다

눈빛은 물질적 정신적 풍요로움에
사랑보다 더 먼저 절실하게 느낀다

사랑이 후회하면 눈빛은 다음번에
정말 제대로 잘하고 싶어진다

말과 가슴의 차이

120 이 가을이 끝나가요

말보다 가슴이 먼저 알아차린다

허물고 세우는 작업
열심히 하는 것은 가슴이 먼저다

아름답겠습니다

이렇다 할 이유가 없이
긴 머리를 자른 모습이 정말 우아하다

첫 문장을 쓰면서
망설이다가 노트북을 덮듯이

'아름답습니다'를 '아름답겠습니다'로
에둘러 하고 말았다

그 이유를 알 수가 없다

*김춘수의 꽃이 된 화자가 머리를 자르고 왔다. '아름답습니다'라는 표현을 '아름답겠습니다'로 하고 말았다는 이야기다.

한 해 지 편 지

고추밭이 갈라지고
거북이 쫓아오는 꿈을 꿉니다

강들 고립이 무섭다 합니다
아니 고갈이 더 무섭다 합니다

꽃을 피우는 것도
가슴 적시는 의미도
작은 개울이 모여 흐르는 것도

흐르는 것들의 아픔이 선택이 아니라
내가 원치 않는 불청객입니다

강의 담수가 평화를 위한 수단이고
강도 이별의 아픔이 있다는 것

인류의 아픈 진실이 바닥을 드러내는 것들입니다   123

세상의 평화는 강물의 수심에도 있었고
바다의 잔잔함이 아름다움에 주는 선물입니다

갈
까
요

124 낡은 형식을 벗어나
    자기만의 철학의 나무

    커가는 곳으로 갈까요

    훗날의 시간을 넘어서는
    마음의 길 자유의 길

띔틀 넘기

훌쩍 지나고 보니
지극히 일부인 것
정작 알고 있는 건
아무것도 없었다

처음부터 다시 배우고 싶다

살아온 방식이 아니라
제대로 보는 법
진실로 말하는 법
옷을 개는 법까지
나를 넘어서고 싶다

이
해

바람에 부러지는 것은
아주 자유로운 형태였다

우연의 원리도 자유로운
형태였다는 사실

멀어지고 보니 그것이
어떤 사랑인 줄 알게 되고

그 사람의 뒷모습을 보는 순간
진짜 모습이라는 사실도 알게 된 것

문

시간 속 감정이
영원과 불멸을 향한
필생의 헌신들이 드나든다

멈추지 않고 눈을 감지 않고
긍정과 흔들린 추들이
빛을 일으킨 힘이 드나든다

내일을 사는 사람

종로 5가에 가면 씨앗과

나무를 파는 종묘種苗상들이 있다

조금 지나면 과일을 파는 가게가 있다

과일을 사는 사람은 오늘을 사는 사람이다

나무를 팔고 구입하는 사람은
내일을 사고파는 사람이다

네
모

네모의 침대에서 깨어나,
네모의 두부된장국을 먹고
네모의 책상이 있는 네모의 사무실에 출근을 한다
네모의 달력을 보며, 네모의 책을 본다

네모 안의 그림을 보면서
내 안의 본능의 의식이 네모가 된다

동그란 주말

달력의 빨간 날은 내 마음대로
쓸 수가 있는 자유의 시간이다
직장 출근으로 할 수 없었던 일들도 한다
시인들이 보내준 시집을 읽기도 한다

금쪽같은 시간을 네모만을 보기도 한다
네모의 컴퓨터에서 게임을 즐기며 낮 시간을 보낸다
네모난 냉장고 음식을 먹고 네모의 휴대폰 전화를 받고
네모난 승용차로 또 다른 네모를 만나러 간다

"자연은 원통과 원주로 이루어졌다"*
모든 과일은 동그란 사과 모양이 좋아
동그란 과일이 되었다

나도 사과를 따라 네모도 세모도 아닌
동그란 원탁에서 가족들과 따뜻함을 나누고
모나지 않는 살가운 마음을 주고받는다

*폴 세잔(화가)의 말.

무조건

꼭 만나야 할 것 같은 사람이 있다
꼭 만나게 되는 사람이 있다

그 사람을 만나면 무조건 할 말이 있다

문지르고 문지르면
광채가 나는 것에 대하여, 물을 것이다

발견

끝이 있다는 것을 알기에
아름다움은 더욱 아름답다

사랑은 끝을 알기에
더 소중하게 가꾸는 것이다

5부

속도를 잡는 것은 시뿐이다

벨라루스 수도원 바람

수도원 앞에서 바람은 고개 숙이고
무거운 마음의 주머니에 회개를 꺼내며

뻣뻣해진 부질들을
십자가 아래 차곡차곡 내려놓는다

불
안

욕망에 휘둘린 형체들이 주춤거리고 있다	137

감정의 수문 벌컥 열리고
감응 능력이 퇴화한 순간

설날

138　　설날의 공기는 그리움

　　　　시름을 내려놓고 저마다

　　　　골목길… 부엉이 우는 뒷산…

　　　　고향 친지 가족에게 달려간다

붓끝에 피어나는 매화

선비의 붓끝에 피어난다
얼어붙은 맨발의 동토에서
뜨거운 잠언을 부른다

삶의 여정은 늘 혹독한
연단 속에서 스스로 흘린
땀으로 제 몸의 열기를 다독인다

그 향기, 바람의 시련에도
허락하지 않고 움켜쥔다
결국, 향기는 열매를 위한 것이다

  *『한국문집총간』 100책은 신라 말기부터 고려 시대를 거쳐 현종조 전후까지 중요한 자료가 수록된 자료다. 문집에는 348명의 작가가 지은 10만 6천여 수의 시가 수록되어 있다. 이 시제 가운데 등장하는 꽃이 3,006수다. 꽃의 종류는 106종이다. 선비들에게 가장 많이(첫 번째) 거론된 꽃의 출연은 매화가 727 횟수다. 국화 405회, 도화 233회 순이었다. 한국의 선비는 매화 치는 것을 으뜸으로 여겼다.

동백꽃 말들

한고寒苦의 고독이다

붉은 찬가를 위해서라면
그 숱한 발열과 오한을 필생의
헌신으로 황홀하게 견디련다

내 몸을 빌려 흘러나오는 우주의
이상 실현을 꿈꾸듯 피우련다

살아서 만나는 것이 부처의 붉은 입술이련
동안거에 빼앗긴 밤의 그 뜨거운 생이여

내면과 사물의 붉은 은유를 뜯어먹고
깊숙한 신의 정원에서 소망의 불빛이 될 것이다

잠 못 이룬 밤에

환상은 건드리다가 부서지고
희망은 건드리면 무지개가 된다

창

세상은 빛이 드나드는 창이다
나무는 잎이 창이다
창으로 빛과 물을 마신다

비움의 창을 가진 사람은
소유 보다 나눔의 창을 택한다
빈손의 창은 욕망을 지니지 않는다

세계를 지배하는 것은
창을 여는 상상력이다

향기의 말

말은 하나의 표상이다
수많은 언어 속에서 말이 가진 한계와
권능의 권위가 부여되거나 말에 책임이 따른다

삶의 향기는 마음의 등불을 밝혀주는 흐뭇한 언어들이다
어제저녁 노시인이 들려주는 말들은
가슴에 한 아름 안겨준 장미 다발이다

말에는 따뜻하고 흐뭇한 경전이 담겨 있다
빛이 나거나 거슬러 오르는 소망도 있다
입은 하나지만 귀는 둘인 이유를 알았다

향기의 거울

꽃은 거울을 보지 않습니다
선한 것들은 거울을 보지 않습니다

마음이 가지 않으면 보아도 보이지 않습니다
마음은 주지 않으면 오지도 않습니다

향기는 그 사람의 얼굴입니다
누군가에게 빛이 될 때 거울이 됩니다

소망

목화꽃은 누군가에게
따뜻한 이불이 되어주고 싶다

문명으로 가는 돛폭과 비단도
목화의 소망으로 이루어졌다

이 땅에 온 것은 생각에 이불이 되고
마음의 이불이 되는 것이다

구정리 일기

여름날 구정리* 팽나무는
낮은 온도의 바람과 이야기 중이었다

그 바람은 깊디깊은
속 맛이 있다, 팽나무는 말해주었다

이야기를 듣다 보니 움푹 파인
세월의 상처는 무늬처럼 좋아 보였다

팽나무는 지난 무늬라며
가지를 털고 있었다

화창한 날이나 궂은날이나
팽나무는 500년 동안 그렇게

마을의 구정 일기를 기록하는데
열중이었다

팽나무는 왜 고향이 좋으냐
물으면 내 어깨를 만지라 한다

일기에는 이납순* 이름도 들어 있었다

*구정리: 전남 무안군 일로면 구정리 시인의 고향이다
*이납순: 시인의 어머니 이름

에밀리 브론테 묘지 걷기

이제까지 만난 적 없다

사람들의 뼛조각들이 흙으로 돌아간
육신들이 누워 계시는 곳이다

그곳에 『폭풍의 언덕』 작가
에밀리 브론테 묘비명 선명하다

발소리를 죽일 정도 평화롭다

그 순간만큼은 그들과 오래전부터
알고 지낸 사이처럼 친근함이 느껴진다

내가 죽으면 친근하게 149
찾아주는 사람이 있을까

브론테가 흙이 되었으니 나는 나무가 되리

휴식

애리조나 마을을 지나다가
폐차장을 만났다

수백 대의 자동차들이
휴식을 취하고 있다

차주는 사랑하는 애차愛車에
조용한 광야의 안식 주었다

누구나 결국은 휴식이라는 사실

변하는 이유

신랑 신부가 시계를 선물하는 것은
나의 시간이 되어 달라는 의미가 있다

그 같은 선물의 이유는 고리타분하다
요즘은 초콜릿을 선물한다

혀에서 즉석에 녹는 것들

새
해
엽
서

빛을 받아놓고 빨강 모눈종이에 편지를 쓴다
마음에 진실의 단추만 달고
생명의 말씀에 귀 기울인다

주황 엽서에 환한 미소를 띄운다
침묵도 듣고 백지를 읽는 눈
겸허한 결의 관계를 힘쓰겠다

노랑 엽서에 평화의 말을 보낸다
듣는 이에게 따뜻한 이해가 되고
유머의 말씨로 소통을 듬뿍 나누겠다

초록의 마음을 전하겠다
바다와 나무가 말없이 산소를 뿜듯
지혜의 다리를 놓도록 하겠다

남색의 옷을 입고
소원疏遠했던 사람들과 길모퉁이의
카페에서 옥색玉色 담소를 나누겠다

보랏빛 정신의 시를 쓰며
조용하고 감사의 기도로
행동하는 깊이의 사람이 되겠다

빨-주-노-초-파-남-보 일곱 가지 생각의 꽃 피우고
우리 기쁜 무지개 빛깔의 새해에

빛과 맛이 되는 소금을 만들겠다

보
는
법

154　생각이 없으면 선명하게 보지 못한다

　　　빛나는 눈에 생각을 담아보면
　　　세상 모든 것들의 이치가 반짝인다

　　　보는 것은 놓치지 않는 것

생각

생각에도 힘이 있다
눈은 생각하는 힘에 의해
세상을 본다

아름다운 것들을
더욱 깊게 보는 것은
생각의 눈이 가까이 가기 때문이다

억새의 박애 정신

서걱서걱 소리 내어
서로서로 맞대어 우쭐대는 억새,
폭풍우에 흔들려도 상처 내지 않는다

가녀린 허리에 손 베일 것 같은
날카로운 잎새도 진실로 껴안으면
정신을 살리는 선비가 된다는 진리

천상天常의 말씀은
사랑으로 껴안는 것들이
취약론脆弱論 세상을 구원한다

서로의 몸을 뒤척인 억새
춤추는 별의 잉태를 보았다
내일은 다녀온 바람의 편지

같은 키 살랑살랑 사뿐사뿐　　　　　　　　　　157
억새 숲
숲으로 간다

생명을 살리는 억새의 말
내면의 혼돈을 지나
푸르고 푸른 억새의 정신에 이른다

자연론

가을도 생각이 많아서 고개를 숙인다
혼자 남을 때 함께 할 또 다른 나를 갖기 위하여

가을의 첫 줄에서 나를 만난다

삶 속에서, 나와 내 뜻과 다르게 만들어진
거짓 이미지를 벗어 버린다

차분히 자신과 마주하여 자신의
발견을 얻었다면 그것은 진실일 것

지는 잎의 노래

가을 가슴 옥색 하늘이 뜨네
나무 빛 홍紅 머플러 두르면
거기 산빛 바위 빛이
흙으로 돌아갈 때를 기다린다

떠나가는 것들은
빼앗긴 것이 아니란 것
저기 저 먼 산 향하여
새로운 색깔을 준비한다

춘자 씨가 나설 차례

결국 누군가 나서야 한다

더 나은 세상을 만들고
가치를 만드는데 나만 한
사람이 없다고 말하는 이가 있다

벌은 입과 발의 노력으로 꿀을 따고
식물의 본성이 꽃으로 웃는다지

숲이 소란하거나 시끄러우면
종말이 오고 만다는데
정말 걱정이다

이럴 때 춘자 씨가 나서야 할 차례

행복한 관계

뿌리는 이파리를 보지 않아도
서로를 위로하며 살아간다

나무가 옹이를 만들려 하지 않아도
아픈 흔적은 어쩔 수 없다

꽃은 열매를 위하여
비바람에 풍장風葬이 되는 것

내가 그들과 행복한 것은
관계의 존재를 존중하기 때문이다

시인이 쓰는 자설

말은 내가 하지만
내 말이 나를 만들고 있다

시인이 쓰는 자설

말은 내가 하지만 내 말이 나를 만들고 있다

1.

"시인은 초월적이면서 현실적인 생리를 지닌 음화식물이다. 한 시대의 정서를 대표하고 치열하게 모국어 속에 침잠하는 선비를 이르러 시인이라 부른다."라는 말은 시 도반이 멘토로 추영趨迎한 권일송 시인의 말이다.

"권 선생께 멘토입니다"라는 말을 해본 적은 없다. 그렇게 정했다. 시를 공부하는 시도반(詩道伴, 시 공부 동행자)에도 두 분 정도의 멘토를 두도록 권하곤 한다. 만날 수 없는 책 속의 멘토와 직접 만날 수 있는 멘토가 좋다. 구체적인 안내도 한다. 책 속의 멘토란 이미 고인이 된 작가거나 해외 거주 작가를 일컫는다. 만날 수 있는 멘토는 동인, 선후배, 스승으로 나눈다. 멘토는 시공간을 두고 토론하는 자신만의 것이다. 멘토는 드러내지 않는 것이 좋다는 말도 보탠다. 보이지 않는 신부님에게 고해성사를 하듯, 시 세계를 두 사람만이 토론하는 것이 좋다. 다락방의 대화 같은 것이다. 시는 영감靈感이며 무한

동경, 별의 세계다. 낯선 미지의 세계를 건축하는 독특한 『시원의 입술』이다. 독자와 팬을 두는 작가에게 작품에 대하여 내밀하거나 창작의 창고와 같은 혼자만의 공간이 요구된다. 어떤 작가에게는 배우자가 멘토인 경우도 있다. 작가의 작품세계가 적절하게 은둔을 보장받는 최상의 경우다. 이름깨나 올린 작가들이 그리한다. 어디까지나 개인적인 견해는 늘 무리가 따르기도 한다. 하지만 역사는, '견해'에서 전진한다는 사실이다.

『시원의 입술』은 무성한 언어의 정원이다. 입술(말)이 전하는 은유隱喩다.

클로드 모네(1840~1926)가 정원을 통하여 말하는 것과 같다. 시의 광장, 둘레길은 눈眼의 전도서다. 삶의 결을 살피는 관찰자가 될 때 우리는 더 나은 길이 나타나고 있다는 것을 알게 한다. 니체는 "춤추는 별을 잉태하려면 내면의 혼돈을 지녀야 한다"라는 말을 한다. 시인은 누구나 시의 정원을 지닌다. 정원의 나무들은 각각 다르다. 열대우림의 거대한 나무도 자란다. 보기 힘든 귀목貴木도 있다. 시인만이 갖는 독특한 시원이다. 겨울 정원을 거닌다. 잎이 지고 쓸쓸하다. 힘줄의 가느다란 나목의 선들이 입을 연다. 시인은 말들이 가까이 다가오는 것을 친절하게 허락한다.

글도 추위를 탄다. 글의 추위는 고요가 확보되는 가운

데 싹 바뀌어 가는 장면이다. 시는 정원의 나무를 억압하지 않도록 한다. 시인은 시원에 앉아 맥없이 눈물짓기도 한다. 자책과 회한과 연민일 수 있다. 시인의 눈물은 슬픔을 알아보지 못한 게 미안해한다. 품에서 빠져나가는 거 같아 아픈 마음이다. 시대와의 반목에 면목 없음을 자책한다.

주유소는 장사로 보이지만 공유성을 가진다. 그들이 공급의 원천을 막으면 그 도시는 마비가 된다. 우리의 사회는 이윤이 있는 공익성에 의하여 흐르는 것이다. 시집도 서점에서 판매하지만, '공익성의 언어 건축물'이다.

글은 써도 고통스럽고 글을 안 써도 고통스럽기는 마찬가지다. 그러나 글을 쓰는 것이 낫다. 청소부 시인의 말이다. "글을 쓰는 것이 가장 행복하고 슬픈 일들이 슬프지 않게 시간이 갈 수가 있었다"라는 말을 한다. 글쓴 이에게는 건강한 일상이라는 말로 기억된다.

2.
시집의 맨 뒷장에 나오는 해설을 자설自說로, 직접 쓰는 경우는 드물다. 해설이라기보다는 후기라는 말을 사용한다. 존경하는 학인, 최규창 시인이 『아이야 영산강 가자』(시선사, 2019년)에서 후기라며 해설을 쓴 경우다. 물론 다른 시인도 있었다. 최규창 선학에게서 배움을 얻어 자설을 쓰기로 했다.

시도반이 몇 권의 시집을 펴내며 시의 행간이 점점 짧아지기 시작했다. 행간이 짧아진다 해서 시가 가지는 폭이 작아지지 않는다. 다가서는 말의 여운과 전달이 미흡하지 않다는 것을 알게 된다. 시가 짧아지면 가슴에서는 더 많은 언어를 그려내야 한다. 시는 말을 아끼되 하고자 하는 말은 해야만 한다.

　시어는 구체성을 가지지 않는다. 날카롭거나 찌르는 문장도 아니다. 옷 뻰(핀)에 슬쩍 찔리는데 피가 나듯이 시어에는 담상담상 하지만 마음을 정화 시킨다. 숲에 들어가면 나무들은 '내가 산소를 공급하오'라는 말을 하지 않는다. 그와 다르지 않다.

　목화꽃은 누군가에게
　따뜻한 이불이 되어주고 싶다

　문명으로 가는 돛폭과 비단도
　목화의 소망으로 이루어졌다

　이 땅에 온 것은 생각에 이불이 되고
　마음의 이불이 되는 것이다

　　　　　　　　　　　　-「소망」 전문

감정이란 한낱 피사체被寫體 앞에서 민들레 씨앗처럼 날아가기 쉽다. 소망도 하나의 피사체가 된다. 가벼운 은종이로 만든 비행기처럼 대상과 나와의 사이에 풍경이 된다. 언어의 형상화를 돕는 것은 언어 자체의 이미지 연결과 미적 조화다. 내재율內在律이 문제시되는 것은 언제나 그 사상성 때문이다. 그러나 사상성이란 관념이 노출된 시에서 찾아보기 힘들다.

사실을 미학으로 잇는 직선은 명제의, 출발점이 된다.

시가 이 땅에 오는 것은 소망을 동반한 희망이다. 시가 갖는 맥락은 기대의 봄바람을 등질 수 없다. 초록이 봄과 같이 풍경의 이미지를 만든다. 망망대해를 떠다니는 돛폭이나 지엄한 규수가 입은 비단옷이 풍경을 앞세운 이미지 형상이다.

3.

나무도 외로우면 나무의
그림자를 부둥켜안고 지나는
바람의 그림자에 존재의, 이유를 말한다

-「고독의 원류」 전문

고독은 시의 본향으로 통한다. 깊숙이 아늑한 요람에서 흔들리는 것. 고독의 내용은 구도자求道者와 같은 의식의 중심에 있다. 「고독」이라는 시에서 '가지마/가지마'라는 단 두 마디의 시를 만든 적이 있다. 박강월 수필가는 얼마나 고독하면 고독마저 '가지 말라'고 했을까? 라는 한마디의 감상평을 말했다. 그렇다, 고독은 쉽사리 고독을 떠나보내지 못한다. 고독은 고독을 알기에.

시는 본질적으로 관념적인 것이다. 시의 구체성이나 지시어指示語는 가장 완벽한 형태의 자기 전술의 소도구에 불과하다. 나무는 천년이 가도 그 자리를 떠나지 않는 인내성을 가진다. 그 나무가 고독을 알게 되면 결국은 존재 이유에 머리를 싸매게 된다. 우리는 삶의 고통을 고독과 외로움을 동일시 포착한다. 시인의 육감적인 질서 위에 고추 세우는 조사措辭의 느낌을 강조하는 것이다.

4.

이제까지 만난 적이 없다

사람들의 뼛조각들이 흙으로 돌아간
육신들이 누워 계시는 곳이다

그곳에 『폭풍의 언덕』 작가
에밀리 브론테 묘비명이 선명하다
발소리를 죽일 정도로 평화롭다

그 순간만큼은 그들과 오래전부터
알고 지낸 사이처럼 친근함이 느껴졌다

내가 죽으면 이렇게 친근하게
묘지를 찾아주는 사람이 있을까

브론테는 흙이 되었으니 나는 나무가 되리

「에밀리 브론테 묘지 걷기」 전문

이 작품은 총체적인 의미에서 시도반의 인간 선언에 해당한다. 영국의 브론테 작가의 마을에서 하룻밤을 유숙한 시간이 있었다. 목사관이 브론테의 집이다. 목회자 아버지를 두었다. 마을은 석탄이 나오는 광산이다. 양을 기르고 양모 관련 의류와 토산품을 판매하는 작은 마을이다. 교회의 옆은 공동묘지가 있다. 놀랄 일도 아니다. 영국은 교회의 바닥에 묘가 있는 것이 보통이다. 그곳 브론테의 『폭풍의 언덕』 산책길도 4시간에 걸쳐 순례하였다. 영국 날씨가 그러하듯 종일 비가 내렸다. 잊을 수 없는 우중 속, 브론테와의 산책이었다. 시도반은 묘지에 대한 인식이 예사롭지 않다. 20년이 넘은 시간이지만 새삼스럽게 묘지 걷기의 시를 만든다. 외롭고 뚜렷한 별자리의 이야기다. 시에는 시인의, 신탁信託 언어가 지배한다. 그만큼 별에 접근이 가까이 왔다는 생의 의미를 담는다.

시에는 기교를 부린 흔적이 없다. 담담하고 솔직하게 시인의 잠정적인 별의 이야기가 들어있다. 죽음을 초월한 시인은 없다. 시도반에게는 이종사촌 형인, 방식 명장이 있다. 나이가 아주 조금 위다. 예술가의 나이는 국가적인 비밀이라는 우스갯말이 있다. 꽃꽂이 명장이다. 예술의 방향이 같아서 말의 속도를 같이 나눈다. 별의 이야기도 쓸쓸하지 않게 멋지게 나눈다.

윤동주 시인이 식민지 지식인의 삶이 예측이라도 한 것일까? '죽는 날까지 하늘을 우러러 한 점 부끄럼이 없기를' 다짐하는 매서운 삶의 자체를 그렸다.

십자가는 예수에게 있었듯 인간은 누구에게나 자신의 십자가를 매달 마음의 준비가 되어야 한다.

5.

사람이 사는 이유는 무엇이죠
문명의 이면에 있는 몸의 소망을 위해서다

사랑은 무엇이죠
기억이다

어둠은 무엇이죠
우리를 끌어들이는 교차다

현대 사회를 어떻게 보세요
성性은 있으나 사랑이 없다

가족은 무엇이죠
보이지 않는 단단한 끈으로 깊이 연결되어 있다

시는 무엇이죠
권위를 버린 언어들이 사는 세상이다

휴대 전화기를 어떻게 보세요
스스로 결정하지 못하게 달라붙은 사디즘sadism이다

시詩에게 하고 싶은 말씀은
새벽이 어둠으로 나아가듯 여전히 뛰어라

-「시 문답」 전문

시인이 시를 쓰면서 시문답은 일상이다. 권일송 시인은 '조국을 사랑하지 않는다'라고 했다. '다만 밤이면 남모르는 눈물을 흘린다'는 구절이 있다. 모름지기 시인은 스스로의 문답에 애간장을 끓이는 족속들이다. '이'와 '은'의 조사를 가지고 시름 하기도 한다. 어찌 보면 시문답하는 시인이 영생을 창조하는 기적의 영혼을 만들려는 노력일 것이다. 숨 막히는 고통의 현실 속에서 상실의 노래보다 튼튼한 토양을 노래하고 싶은 것이 시인이다. 시문답의 본뜻이 그렇다. 소나기가 내리면 지상의 번뇌와 쓰레기를 씻어 주기도 한다. 노아는 방주를 통하여 씨앗을 준비했다. 시인은 노아와 같은 길을 걷는다.

6.

　자설自說, 마무리다.

　언어와 논쟁을 하되 최대한 존중의 태도를 보이는 것이 시였다. 별은 지금도 감춰둔 메시지가 많다. 그 메시지를 꺼내는 것이 시인의 몫이다. 오늘도 별의 메시지를 꺼내려, 나선다.

　아주 느린 청춘의 떠남으로.

시원의 입술

최창일 지음

발행처	도서출판 **청어**
발행인	이영철
영업	이동호
홍보	천성래
기획	남기환
편집	방세화
디자인	이수빈 ǀ 김영은
제작이사	공병한
인쇄	두리터

등록   1999년 5월 3일
      (제321-3210000251001999000063호)

1판 1쇄 발행 2023년 4월 29일

주소   서울특별시 서초구 남부순환로 364길 8-15 동일빌딩 2층
대표전화 02-586-0477
팩시밀리 0303-0942-0478
홈페이지 www.chungeobook.com
E-mail   ppi20@hanmail.net

ISBN   979-11-6855-144-2 (03810)

본 시집의 구성 및 맞춤법, 띄어쓰기는 작가의 의도에 따랐습니다.
이 책의 저작권은 저자와 도서출판 청어에 있습니다.
무단 전재 및 복제를 금합니다.

시원의 입술 시집은 한국예술인복지재단 지원금으로 제작되었습니다.